덜 참

조금 덜 참이
나는 참 좋다

덜 참

| 최연희 시집 |

휘람

| 시인의 말 |

'나이 먹으니 참 힘드네' 혼잣말했다.
5살 손녀가 들었는지,
'나이는 무슨 맛이에요?' 한다.

나이는 무슨 맛일까?
육십하고도 둘을 더 먹으면서 아직
답을 알 수 없기에,
그 답을 탐구하는 과정 중의 성찰과
진심의 기도를 『덜 참』에 담았다.

인생의 또 다른 시작이 예순하나부터라는데,
나는 제2의 인생을 제대로 시작하고 있는지
앞으로의 삶을 어떻게 하느님의 섭리 안에
그분의 딸로서 합당하게
잘 살아갈 수 있는지의 성찰이다.

다시 시작하는 삶 역시,
하느님 안에 큰 축복이며
희망 가득하리라 확신하며,
항상 감사한다.

아울러 나의 곁에서 고요히
누구보다 든든하게 말 걸고 있는 사람
사랑으로 늘 지지해주고 힘이 되어주는
나의 사랑 이용건 님께 감사한다.

2025년 6월
서해 끝에서 **최연희** 시인

차례

시인의 말　04

자연의 회복력과 위로 1

겨울꽃　12
달무리 뜨고 지는 밤　13
민들레의 날갯짓　14
바람 부는 날　15
보랏빛 울음 꽃　16
산행을 시작하면　17
아차　18
아픈 위안　19
절벽에 서서　20
징검다리　21
층계참　23
평범해서 더 소중한 새벽　24
푸성귀 가득한 외롭지 않은 집　26
태양이 건넌 밤바다　27
틔움의 언저리　28
황금빛 겸허　30
홀로 우는 빛　31

내면을 향한 조용한 성찰 2

고요로 전하는 진심　34
낡은 운동화　35
내가 살아가야 할 이유 -이제야 보이는 나　36
다행이다　38
덜 참　39
등, 그 사이　40
마지막 나이테　42
말하지 않을 자유　43
보고 싶은 아버지　44
보편적 진리　47
벼랑 끝 소나무 -견딤의 기도　48
별다른 생각 없이　49
선택, 그분 안에서　50
심연의 무게　51
생의 끝에 서서　52
세월이 품은 기적　54
쉼표처럼 늙는 법　55
아픔을 놓아주며　56
이해하지 않기로　57
정체의 시간 -나를 맡기며　58

언어로 엮은 삶의 결 3

그리움 한 조각　60
그저　62
나를 태운다, 훨훨　63
노을빛 산책 -달팽이와 꽃　64
능소화　66
물빛 기억　68
삶 이후에도 남은 온기　70
샘골　71
소리를 듣는 꽃　72
시간을 되돌려 준다, 해도　73
여름비　74
여백　76
우산　77
음률 없는 계절　78
잠을 거부하는 밤　80
흔적　81

선택으로 빚는 균형과 질서 4

기본의 소중함　85
나 자신을 아는 가장 중요한 지침　86
녹슨 펜치　88
마음의 간격　89
메시아 콤플렉스　90
미소 지으며　93
바람개비의 최후　95
비켜선 자리　96
빨래　98
뽑힌 못을 펴며　99
소음의 안개　100
숲은 왕왕대고, 신은 고요하다　102
스며듦의 시간　103
유리창의 법칙　105
잔들의 독백　106
존재의 불확실성　108
줄넘기　109
쥐손이 풀　111
천 원짜리 종　112

| 발문 |

덜 참, 삶의 여백에서 피어난 깊은 울림·홍성훈　114

1부

자연의 회복력과 위로

겨울꽃

눈발 흩날리는 공원에서
숨 가쁘게 뛰는 사람

춥다, 춥다며 움츠리는 사람
똑같이 느끼지만, 말없이 걷는 사람

추위에도 신나서 공을 차며 웃는 아이들
하늘 보며 눈이 펑펑 내리길 기다리는 아이들

총총걸음으로 군고구마를 떠올리는 사람
두리번 붕어빵 가게를 찾는 사람도 있지

그림자는 짧아지고
어느새, 석양은 빠르게 진다

달무리 뜨고 지는 밤

산산이 부서져 흩어지는 달빛이
하늘에서 바다로
와르르 푸르게 쏟아진다

파도는 수평선까지 일렁이며
그 빛을 모아 어둠 속
은빛 길을 낸다

아, 달빛 한 줄기, 별빛 한 줄기
파도에 담아
내게 전해줄 순 없을까?

나도 저 파도를 타고 뛰어올라
달빛 속, 별빛 속에서
일렁일 수는 없을까?

민들레의 날갯짓

하얀 나비 어디로 가는 걸까?
땅에 뿌리내려 날 수 없는 나는
가녀린 새싹 속으로
푸른 하늘을 품었지

사뿐히 앉은 바람에게
먼 산 높은 곳으로
서둘러 데려가 달라 부탁하니
잠깐, 인내를 배우면 어떻겠냐네

노란 꽃잎 하나, 둘 피우고
달빛 아래 고요히 기다리면
그 의미를 알게 될 거라고
다독이고, 다독이더라

말없이 그 세월 지내고 보니
머리가 희어 뜻하지 않아도
날개 달린 씨앗 되어
진정, 너울너울 날게 되더라

바람 부는 날

너의 풍경이 되어

네 곁으로 살포시 다가가

마음과 어깨를 조용히 다독이고

나지막이 너의 귓가에 스며드는 풍경

자장가로 너를,

고요히 잠재우고 싶다

보랏빛 울음 꽃

작년에 자리 잡은 등나무 넝쿨 덕에
쉽게 그 넝쿨 잡고 솟아오른 새순이
보랏빛 꽃으로 화사하게 피지만

오랫동안 붙어 얽혀있던 넝쿨은
힘겹게 떨쳐내지 못한 미련으로
초여름을 기다렸는지 모른다

그 속을 알 길 없는 벌들
사다리 넝쿨 위로 웽웽거리며
달콤한 보랏빛 꽃을 건드렸다

따가움에 소스라친 꽃술
참았던 울음이 터졌다
벌들은 꽃술 벼락을 맞았다

산행을 시작하면

시간은
산속으로 들어간다

무겁게 들리던 초침은 바위 속으로
날카롭게 찌르던 분침은 나무 속으로
새벽을 기다리던 시침은 나와 함께
느리게 산을 오른다

시계 소리 사라진 숲
잠시 그늘에 앉아 땀을 닦고
숨을 고른 뒤
느릿느릿 걷고 또 걷는다

오르막도 내리막도 잊은 채
쉬엄쉬엄 걷는다
부디, 아무쪼록
정상에서 깊은숨 쉴 수 있기를

아차

대나무 잎끝
이슬방울 하나
위태롭게 매달려 있다

안쓰러운 마음에
작은 이슬 한 방울
살며시 얹어주었더니

그마저 짐이었을까
툭,
떨어지고 말았다

스스로 버티길 바랐는데
도리어
잃게 하고 말았다

아픈 위안

눈물은
늦은 밤 편의점에서 먹는
라면 국물 같다

매콤한 국물이
목구멍을 따갑게 스치며
텅 빈 속 깊숙이 흐르는
뜨거운 아픔이다

창밖에
눈이 내린다
눈, 물이 흐른다

절벽에 서서

짧은 순간,
낭떠러지를 향해
내달리는 사슴이 되기도 하고

또 다른 순간,
새가 되어
창공을 날기도 한다

깊은 여름밤엔
한 송이 나리꽃으로 피어
먼 길을 달려온 바람과
뜨겁게 포옹한다

오늘은 벼랑을 오르는 넝쿨 되어
꼭대기까지 쉼 없이 올라가
고송이 품어주는 그늘에서
이슬 한잔하고 싶다

징검다리

벚꽃잎이 은하수처럼
떠 있는 시내에
아들과 물수제비 하다
떠오른 어린 시절

잔물결 일으키며 번지는
아버지 얼굴
물소리보다 더 크게
웃으시는 아버지

물에 비친 푸른 하늘 구름처럼
떠 있는 아버지를
닮은 아버지가 된 아들 눈엔
봄바람도 시리다

층계참

정상을 향해 오를 때
무거운 짐 내려놓고
먼 하늘 바라보며
잠시 쉬어 가세요

그렇지 않으면
가야 할 길이 너무 고되
걸음보다 먼저
숨이 멎을지도 몰라요

돌계단에 앉아
푸른 생각 하나 꺼내
구름 위에 올려놓고
숨을 크게 쉬세요

하느님도
힘들 땐 쉬었다 가셨을 거예요
이젠 괜찮죠?
그럼, 다시 시작할까요?

평범해서 더 소중한 새벽

새벽안개가 대웅전 마당을
조용히 쓸고 지나갈 즈음
스님은 타종을 위해
꽃잎을 밟으며 걸어오신다
뎅, 뎅, 뎅

투박하지만 맑은 종소리가
망일산의 어둠을 하나씩 걷어낸다
종달새는 재잘거리며 날고
마을 사람들은 하나둘
이마의 땀을 닦으며 산을 오른다

누구는 전망대로,
누구는 운동기구로
몸을 천천히 풀고
불심 깊은 이는 대웅전으로 가
백팔 배를 올린다

망일산 자락에 햇살이
길게 기지개를 켜는 순간
푸른 숲은 활기차게 깨어나고
바람은 그제야
조용히 잠이 든다

푸성귀 가득한 외롭지 않은 집

마지막으로 펴진 이부자리에
누운 어르신,
찾아오는 이 없는 긴 기다림

산, 들, 바람에게
- 내 아들 본 적 있나요?
- 날개가 있거든 날아가
  우리 손녀 좀 데리고 와 줘요

잠시 쉬어 가는 산객에게도
- 내 딸 본 적 있나요?
- 나의 손자 좀 불러 줘요
- 아니다, 쓸데없는 소리를 했군

괜찮으냐 묻는 바람이 실어 온
씨앗 덕에 고사리가 돋고,
할미꽃 피니, 벌 나비 날아든다

멈춤 속에 숨겨진 움직임
조용히 굴러가는 도토리
다람쥐, 토끼도 드나든다

태양이 건넌 밤바다

깊은 바닷속으로 태양이 잠겨
열기를 식히면
노을빛은 반딧불처럼
사방으로 흩어진다

그가 떠난 자리 위로
달빛이 조용히 떠올라
바다를 은빛으로 덮을 때
갈매기들이 바다 품에 안긴다

날갯짓 따라 일렁이는 잔물결
물수제비처럼 둥글게 번지고
달빛 머금은 밤바다는
검푸른 빛을 더해 간다

잠깐의 요란한 놀이가 끝나면
갈매기들 고요히 잠들고
깃털 하나, 둘 은빛 위로 떠
별들의 잠자리를 펴는 듯하다

틔움의 언저리

각을 세운 바람이
나무를 때린다
채찍질에 휘감긴
고통이 전해질 때

나무는 두꺼운
껍질을 벗고
연둣빛 입을 열어
새순을 내민다

성장통으로
간질거리는 곳에
태양 빛을 바르고
소나기로 씻어내면

상처는 치유되어
내면의 봄이 움트면
숨겨진 날개가
빛의 방향으로 몸을 틀어

꽃이 핀다
잎이 피어난다
봄꽃이 망울져 핀다
연두잎이 펼쳐진다

황금빛 겸허

뜨겁던 햇살과
지치도록 울던 매미의 노래가
한풀 꺾일 무렵

잠자리는 가을을 데리고 와
매미 울음을 덮고
청명한 바람을 부른다

한걸음에 달려온 바람이
여름 끝자락 열기를 거두고
뭉글뭉글 구름을
여무는 이삭 위에 얹으면

우뚝 섰던 푸른 알곡도
천천히 황금빛으로
몸을 낮추며 고요에 잠긴다
비워야 할 때가 되었다고

홀로 우는 빛

본디 하나였던 태양이
어둠과 빛으로 갈라져
이별하는 순간이다

날마다 같은 자리에서 솟아도
다른 얼굴로 찾아오는
붉은빛

때로는 잿빛 구름 뒤에
제 모습을 감추고 말없이
숨은 채 잔잔하다가

오늘은, 소나기를 빌려 와
말 못 한 설움
한꺼번에 토해낸다

멍든 가슴을 부여안고
하늘 끝 모퉁이부터
벌겋게 물들이며 운다

2부

내면을 향한 조용한 성찰

고요로 전하는 진심

수많은 언어로 설명해도 알아듣지 못하고
귀 기울이지 않을 땐
조용히 있어 보자!
고요가 더 많은 것을 듣게 해 줄 거야

그의 등에다 가만가만히
마음을 적어 보자!
연필 같은 손가락이 움직일 때
주의 깊게 집중해서 듣게 될 테니까

또박또박 맥박처럼
심장으로 흘러 진동 없이도
숨소리보다 작은 울림이
더 크게 들릴 테니까!

낡은 운동화

이젠, 아무도 들여다보지 않는
공간에서 쉬리라

분주한 무리 속, 이리저리 헤매고
때론 원하지 않은 길을
바쁘게 걸어야 했다

행인들 발에 밟히기도 하고
식지 않은 아스팔트 열기로
벌겋게 부어오른 발바닥 통증

돌부리에 부딪힌 푸른 멍 속에도
뒤꿈치 꺾지 않고 굳게 버텨온
순간순간에 감사한다

보람이었다고 추억한다
축축한 발이 빠져나간
첫 시원함!

오래 간직하고 싶다

내가 살아가는 이유
— 이제야 보이는 나

누군가
목표를 향해 조용히 달려가는
모습은 참으로 아름답다

시간 또한
누구의 격려 없이도
자기 속도대로 묵묵히 흐른다
그러니
나의 삶도 목표대로 이루어질 것이다
될 때까지 노력했으니까

때로는
쉼 없이, 시간보다 더 빠르게 달려
멈추고 싶어도 멈출 수 없고,
더러는
의지와는 다르게
의식적으로 늦춰 가야 하지

가끔은
이 평범한 진리를 알면서도
자꾸 잊는 자신까지도 받아들이고
나의 부족함에도
순간순간 일어나는 기적 같은
일들에 감사한다

하느님께서 부르시면
예정에 없는 이별을 해야 하니
현재라는 선물이 감사하며
하느님의 섭리에 따라 살아간다.
나의 주,
하느님의 영광을 위해서

다행이다

깁스한 왼손을 보고서야
오른손의 고마움을 알았다

누군가를 칭찬할 때의 박수는
두 손이 함께 있어야 함을

기도하기 위한 행위도
두 손을 모아야 함을

두 손이 모여 만든 소리
두 손이 맞닿아 전하는 온기

함께 있어 행복한 존재들을
더 나이 먹기 전에 알게 되어

참 다행이다!
정말 감사하다!

덜 참

정각보다는 일 분 모자라는 구 분

백보다 하나 부족한 아흔아홉

미세한 부족함이 인생이 아닐까?

모자람을 배우기 위해 좀 더 노력하고

목표를 향해 달려가는 에너지가 되는

조금 덜 참이 나는 참 좋다

등, 그 사이

내 등은
내가 볼 수 없는 뒷모습
익숙하면서도 낯선 그림자

그의 등은
내 눈에 담긴 것보다
더 많은 말을 품고 있다

곁에 있는 이들은 서로를 안다고
믿지만 겉모습으로는 알 수 없는
마음들이 있다

가끔 그의 등을 보며
그를 헤아리려 해도
그 마음은 닿지 않는다

등 뒤에 숨은 진심과 오해
보이지 않는 거리감 속에 가까우면서도
먼 우리, 내 등만 보고 나를 알 듯

그의 등만 보고 그를 안다고 하지만
서로의 등 뒤에는
끝내 닿지 못할 무게가 있다

그럼에도 우리는
서로의 등을 기대며
같은 시간을 살아간다

마지막 나이테

솔방울 많은 고송
버티고 버텼던 것들
내려놓고 가야 할 때가 되었다

핏줄이 뭐라고
남겨야 한다, 생각에
많은 열매를 맺고 있었다

가지들 하나, 둘 떨어져 나가고
뿌리까지 조금씩 메말라 가는구나!
바라보는 것도 서럽다

이럴 때 소나기라도 내려
이 아픔, 쓸어가면 좋겠다
순간, 모두 걷어 가면 좋으련만

이제 허리까지 꺾어지니
그 많던 솔방울 다 내려놓고
아, 이제 정말 떠날 때가 되었네!

말하지 않을 자유

그대는
자신의 思考와 경험 속에
타인의 상황과 언어를
오해할 권리가 있고

내겐
진실을 증명할 말이나 행동보다
침묵을 선택할 자유가 있으니
굳이 해명할 의무는 없지 않은가!

하느님은
하느님 자리에 계시듯
인간은 인간 자리에
있어야 하지 않을까?

인간이
마치 하느님처럼 판단하고
단죄할 수는 없지 않은가!
하느님은 인간의 생각과 다르시니까

보고 싶은 아버지

오늘은
어린 시절 아버지의 모습이 자꾸 떠오릅니다.
하모니카로 '매기의 추억'을 연주하시고,
기타를 치실 땐 '신라의 달밤'을 부르셨지요.

겨울밤, 잔기침으로 잠 못 이루던 제게 다가와
"어찌 이렇게 기침을 하노?"
이불을 덮어 주시며 홀로 마음 아파하시던 아버지!

밖은 아직 어두워, 사람의 형체조차 흐릿한 새벽녘.
무거운 카메라 가방과 배경 그림 여러 장이 달린
자전거를 밀고 나가시던 뒷모습이 아직도 선명합니다.

무좀이 심하셔도 운동화는 빨리 닳는다며
고무 샌들을 "가벼워서 좋다"며 신으시던,
멋쩍은 웃음으로 어려움을 감추셨던 아버지!

평소엔 말씀이 없으신 분께서
어쩌다 한 잔 하시면
붕어빵을 사 오셨지요.

오 남매 불러 놓고 하나씩 나누어 주시며
착하게 살아라, 공부 열심히 해라
형은 동생을, 동생은 오빠를 잘 돌보라 하셨지요.

우린 다 같이 이불 속에 발을 집어넣고
서로의 발가락을 간질거리며 깔깔대며 먹었지요.
그때의 붕어빵 맛은 잊을 수 없습니다.

지금도 그리움을 안고 붕어빵을 한입 베어 물지만,
그 맛을 찾을 수 없음은
아버지의 부재 때문이겠지요.

아버지의 임종을 지켜보지 못한 저는
듣고 싶은 목소리, 마주하고 싶은 눈빛과 미소도 없이
차가운 시신 앞에 마지막 인사를 했지요.

수술로 꿰맨 실밥, 씻기지 않은 자줏빛 핏자국이
남겨진 창백한 얼굴,
눈가에 하얗게 말라버린 눈물만이
당신의 마지막이었습니다.

오늘만은 그 모습을 잊고 싶습니다.
아버지의 다정한 미소, 따스한 눈빛,
인자한 모습을 기억하고 싶습니다.

꿈에서라도
한 번쯤 고운 얼굴로 찾아와 주세요.
아버지……

보편적 진리

시간이 쌓여도 변함없는
마음이 있다

그리움이 가득 찬 밤하늘
별이 가슴에 닿은 것이 아니라
별빛이 가슴에 스며든 것이다

아픔에 젖은 가슴은
바닷물이 아니라
파도의 포말이었다

흔들리고 흩어지는 것은
존재가 아닌
현상에 지나지 않는다

숨겨진 진실을
온전히 마주하는 날이
어서 오기를

벼랑 끝 소나무
— 견딤의 기도

바람이 몰아치는 대로 휘돌아
꼬이고 꼬여 비틀려 버린 몸
힘 빠지고, 어지러워
본래 모습으로 돌아갈 수 없다

폭우 속에 잔가지 잘리고
껍질까지 벗겨진 채
속살을 드러내며 실핏줄 같은
뿌리로 겨우 버티고 있다

남루한 상처 달빛 속에 숨고 싶다
자책하는 아픔, 울부짖음
누가 들어주기나 할까
그 고통, 대변할 이 있을까?

마지막 그것까지
보여주고 싶지 않으니
이 말하는 힘까지 사라지기 전에
부디, 감싸주오

별다른 생각 없이

석양이 지고
어둠이 깊어져도
빛은 여전히 남아
그 빛 따라 걷다 보면

붙잡던 시간의 무게를 내려놓고
좋은 기억만 안고 살 수 있을 것 같다

필요할까, 싶어 챙긴
배낭 하나 메고
산에 올라
새벽이슬에 목 축이고

산길 따라 숲과 바람이 함께하니
한 송이 들꽃도 눈부시다

소박하고 단순한 삶
시선 닿지 않은 풀꽃으로도
살 수 있을 것 같다

선택, 그분 안에서

나도 나를 모르는데
누구를 믿을 수 있을까
관계는 믿음이 가장 중요하다지
'내 손이 내 딸이라'는 말처럼
나를 믿지 않으면
누구를 믿을 수 있을까

그래도, 믿어본다
믿음의 두 갈래 길 앞에 서서
믿음에 응답하는 이
믿음을 저버리는 이
상처가 두려운 나는
아픔이 닥칠까 숨을 고르지만

그 또한 하느님이 허락하신
길이기에, 이겨내리라
사람을 너무 쉽게 믿는다고
비웃는 사람도 있겠지만
하느님을 믿고, 그분 안에서
내 선택을 믿어보리라

심연의 무게

물새가 날기 위해
수면을 가르며 날지만
깊은 바다는
흔들리지 않는다

순풍으로 잔잔한 바다에
태풍이 몰아쳐
거센 파도를 일으켜도
울음을 쏟아내진 않는다

흔들리는 어깨를
누구에게도 보이지 않고
아픔을 속으로, 깊은 바닷속으로
조용히 삭히며 품는다

생의 끝에 서서

자신은 곧 떠날 거라고
삶의 무게를 다 견뎠으니
이쯤이면 됐다고 하지만
그 말 너머, 마음은 어땠을까?

그래도 마음 한 켠엔
더 머물고 싶지는 않을까
얼마나 더 살아야 할까
더 살아야 할 이유는?

어제의 괴로움은 오늘의 괴로움으로
어제의 근심은 오늘의 근심으로
겹겹이 이어 붙여 산다는데
무슨 미련이 남은 것일까?

내가 생의 끝에 서 있다면
못다 이룬 꿈을 붙잡을까?
부족했던 삶에 무엇을
더 얹어놓고 싶어질까?

남기고 싶은 것 없이
정말 이만하면 됐다,
아쉬움도, 미련도 없이
떠날 수 있을까?

세월이 품은 기적

나무의 속살, 시간의 무늬가
두터운 껍질로 굳어가면

늙은 귀는 마음의 소리를 듣고
희미한 눈은 영혼의 빛을 품는다

귀는 세상의 소음을 비우고
눈은 보이지 않는 것을 본다

겉은 성장을 멈춘 듯 하지만
속은 여전히 씨앗을 품고 있다

그 깊은 정적 안에서
다시 푸른 잎 피울 때를 기다린다

나이 든 귀와 희미한 눈은
세월 끝에 주어지는 은총이며,

작은 씨앗 속 생명의 잉태는
하늘의 지혜다

쉼표처럼 늙는 법

지금까지 세월은
저 홀로 가는 줄 알았는데
예순을 넘어서 바라보니
물도 바람도 나이를 먹더라

흐른 시간만큼 빛나는 별에게
잘 늙는 법을 물으니
그냥 잠시 쉬었다 가는 기분으로
쉬엄쉬엄 살아가라 하더라

손주 자라는 것을 보면
내 나이는 천천히 가는 듯
옹아리에 가슴설레고
아장아장 걸음에도 삶을 배운다

이 깊은 밤, 묻고 또 묻는다
열심히 살아온 시간 속에서
그 답을 찾으리라 믿었지만
아직도 나는, 배우는 중이다

아픔을 놓아주며

평소 아무 이유 없이
너에게 시비를 거는 사람이 있다면
혹시 네가 그에게
무례하지 않았는지 돌아봐야 해

그래도 이유를 찾지 못했다면
그는 자기 안의 열등감과 불안을
너에게 쏟아내는 것일지 몰라
굳이 네 마음까지 다치게 하지는 마

상처 입은 마음은
쉽게 아물진 않겠지만
시간이 흐르면
조용히 평화를 되찾을 거야

가슴 깊은 아픔을
끌어내어 바람에 띄우고
'용서'라는 이름으로
멀리멀리 날려 보내기를

이해하지 않기로

사소한 것에서 시작되어 깨지는 관계들에서
무엇을 얻을 수 있는가!
한 번 맺은 인연이 어디까지 갈 수 있을까?
지금 좋은 관계가 언제까지 좋은 관계로 이어질까?
지금의 인연이 계속되리라 믿었던 것이
어리석음이었을까?

설명하고 바로 잡아야 관계가
개선된다고 생각한 것이
소모성 에너지였음을 일찍 깨달아야 했다
그가 억울할 것으로 예측하여 대변해 주는 행동조차도
어리석고 비합리적인 것이었음을
진작 깨달았어야 했다

그냥 두어야 했다 흘러가도록,
관계 개선을 위해 그 무엇도 하지 말고
내가 아파하는 것처럼, 그는 아파하지 않는다는 것을
이제라도 인지하고, 그가 깨닫지 못한 무지는
그대로 두어야 하리라
그는 결코 변화하지 않으리니……

정체의 시간
- 나를 맡기며

갑자기 내린 소나기
몸에 닿을까, 말까
그 긴장감을 즐기려
처마 밑을 서성인다

낙수 피해 한 걸음
처마 안쪽으로 들어섰다
기댄 벽에서 전해주는 싸늘함
낯설지만 좋다

발끝에 비가 닿았다
발목, 허벅지 허리춤까지
역으로 흘러 닿는 차가운
희열이 온몸으로 퍼져간다

3부

언어로 엮은 삶의 결

그리움 한 조각

찰랑찰랑 단물 속
반쪽짜리 복숭아 여섯 개
어떻게 나눠 먹을지
일곱 식구 시선이
한곳으로 모였다

아버지는 달콤한 국물 한 모금 마시곤
첫째에게 하나 건져주시고
성미 급한 둘째는 제 손으로 건져 가고
눈치 빠른 막내, 제 차례까지 올 리 없으니
후다닥 하나 들고 나간다

인정 많은 셋째는
아버지 어머니 먼저 챙겨 드리고
하나 남은 조각으로 넷째와
반반 나눠 한입씩 물고 나니
빈 깡통은 배시시 웃는다

그럼, 그렇지
아버지는 반쪽을 셋째에게
어머니도 반쪽을 넷째에게
달콤하다, 달콤해
그 복숭아 참, 달달하다

그저

인생에도 물처럼

끓는 점과 어는 점이 존재하지만

내 삶엔

그 두 지점은 없기를,

중용을 지키며 유유히 흐를 수 있기를

나를 태운다, 훨훨

정오 햇볕에 돋보기를 대고
종이를 태운다
낙엽을 태운다

타닥타닥 피어오르는 연기
바람 따라 하늘로 오르니
마음도 같이 데워진다

나를 태워 올리고 싶어
종이 위에 '나'라고 쓰고
돋보기를 조용히 얹는다

타닥타닥 불꽃이 튀어 오른다
타오른 하얀 마음은 바람에 실려
하늘을 난다, 훨훨

노을빛 산책
― 달팽이와 꽃

공원 입구에 들어선 세발자전거, 자신을 데려온 기특함에 할머니는 다 펴지 못하는 손으로 쓰다듬고 자전거에 자물쇠를 채우며 '잠깐만 기다리고 있어!' 하곤 왔던 길을 뒤돌아 먼 곳을 응시한다. 서서히 모습을 드러내는 할아버지의 전동 휠체어를 보고서야 주섬주섬 수건을 꺼내 땀을 훔어내는 할머니 얼굴엔 미소가 번진다

주차된 휠체어 주변엔 금잔화, 봉숭아, 맨드라미 등 지천이 꽃인데, 제일 돋보이는 꽃은 할머니 꽃일세, 라는 할아버지의 웃음 섞인 한마디에 빛나도록 닦아낸 성당 스테인드글라스 창의 오색 빛이 할머니 얼굴에서 어여쁘게 빛내며 웃고 있다

할아버지가 발끝으로 흙빛 도화지에 그리는 뱀 모양의 그림엔 낙엽이 소재가 되고, 작은 돌도 사부작사부작 옮겨지고 아직은 할 수 있다고 자신하지만, 다리에 힘을 주라는 할머니 단호한 말에 눈 끝을 치켜세우고 입을 꽉 문 채 화단 난간을 꼭 잡고 한 걸음 두 걸음 다시 걷기 시작한다

먼저 걸음을 떼었던 할머니는 달팽이는 언제쯤 오려나 잠시 서서 굽은 허리 펴고, 고개는 한 곳으로 눈길을 떼지 못하고 하나둘, 둘둘 셋 넷, 속으로 구령을 외친다, 조심하라 말하지 않아도 그 마음 모를 리 없으니, 할아버지는 손사래로 걱정 말라, 흔들리는 동공 잡아 놓으며 끄덕끄덕

길고 긴 난간 여행과 그림 그리기가 끝날 무렵, 할머니 종종걸음은 휠체어 주차한 곳으로 가서 자전거에 휠체어를 달고 씽씽 달려온다, 할머니를 기다리는 할아버지 눈빛은 바람에 하늘댄다

'인생은 나그넷길 어디서 왔다가 어디로 가는가' 최희준 노래가 공원을 가득 메운다 해바라기 그림자도 따라 걷는 공원에 시원한 바람이 불면, 세발자전거가 출발하고, 다음 휠체어가 출발하고 서녘엔 주홍빛 노을이 물들며 새들도 집으로 간다

능소화

옛날 부잣집 담에만 있었다는 능소화
이사 오면 제일 먼저 능소화를 심어야
부자가 된다고 너는 말했지
정말 주렁주렁 주홍빛이 피어나
마당이 환해지고, 너의 웃음으로
집 안 가득 빛이 들었다

능소화 꽃술이 눈에 들어가면
앞이 안 보일지도 모른다고 했더니
호들갑 떨며 손을 씻고
보인다고, 보여서 감사하다며
동그란 눈을 깜빡이며 깔깔대던 너

그해 6월이 가고, 또다시 6월이 오니
능소화는 피면서 너의 웃음을 쏟아낸다
못 보게 될까 봐 호들갑 떨던 너처럼
꽃들이 흔들리며 한꺼번에 피어나
너의 눈으로 나를 바라본다

너 없는 삶이 무덤덤이 이어지는 게
아직도 낯설기만 한데
능소화는 피고 지고 또 피고 지고
능소화 잎 우수수 지는 6월이 가고
또 다른 6월이 온다

물빛 기억

잎새 떨구고 가지만 남긴
겨울 산 능선은 우럭 지느러미 같다

세상과 분리된 시간에서
손맛이 좋은 물고기라며
월척을 기뻐하셨던 아버지

상고대가 햇살 받아
이슬처럼 낙엽 위로 뚝뚝
풍경소리 같은 맑은 물빛
투명한 속살, 울림 속에
웃고 계시는 아버지

새벽잠 깰까, 삐그덕거리는
마루를 살금살금 걸으시며
딸이 좋아하는 콩나물
손수 키우신다고
마루 끝 콩나물시루에 조용히
물 부으시던 아버지

그 시절 잘 잔 새벽잠 덕에
이제는 맑게 깨어
험한 세상을 잘살고 있다

손끝으로 물결 읽는 낚시꾼처럼
딸의 삶을 보시며
미소 짓고 계시겠지!

삶 이후에도 남은 온기

가야산 마애삼존불을 마주 보는
산꼭대기, 햇살 곱게 드는 곳

어느 집안 어른인지 알 수 없지만
산행할 때마다 인사드리곤 한다

묘석에 새겨진 존함을 보면
자녀는 넷, 손주도 일곱을 두셨다

오늘은 그분 집에 기대어
가을 햇살을 안아본다

낯선 이의 머묾에도 말없이
축복해 주시는 넉넉한 마음

기억과 기도의 자리에 잠시 머문 후
다시 오른 산행길

덕분에 마음이 싱그럽고 평온하다
그 온기에 감사하다

샘골

골목길 제일 높은 교회
비가 오면 그 집만 떠 있고
모두 잠기는 우리 동네, 샘골

굽이굽이 물이 잘 흘러
도로 옆 구멍가게 나무 문을
돛단배 삼아 타고

주전자, 양동이와 둥둥 떠서
빗자루로 노 저어
안전한 곳으로 가곤 했던 샘골

플라타너스 나무 그늘 대신
빽빽한 아파트 그림자 아래 서
떠올리는 나의 고향 샘골

소리를 듣는 꽃

메꽃을 귓가에 꽂으면
먼 산 너머 새소리가 들리고
바다 건너 뱃고동 울림도 들린다

잎새 부딪히는 소리
꽃눈 터지는 물방울
풀벌레의 가느다란 울음까지

붉은 메꽃을 귓가에 꽂으면
사람 마음 소리도
들을 수 있을까

어둠과 두려움 사이에
무엇이 존재하는지도
들을 수 있으려나

시간을 돌려준다, 해도

돌아가지 않을 것이다
행복했던 순간도
후회했던 때도
아쉬웠던 시간도 있지만

또다시
알 수 없는 시절로
돌아갈 생각은 없다
현재에 충실하고 싶다

적게 후회하도록 노력하고
순간순간의 삶에 감사하며
많이 웃으면서
지금의 젊음을
맘껏 자랑하며 살리라

이 순간 나로
충분히 빛나니까

여름비

창을 세차게 두드리는 빗소리
밖을 내다보니
앞이 보이지 않는다
어둠 속, 하늘을 가르는 섬광
천둥이 가슴을 태운다

멀리 바다는
수많은 물 왕관을 쓰고
안개 속, 화사한 조명 아래
빗줄기와 황홀한
무도회를 열고 있다

빨간 비옷 입고
축제에 가고 싶은 충동을 눌러
책 한 권 손에 쥐고
빗소리에 귀 기울이며
수만 개의 생각을 잡는다

종국엔 놓쳐버린 생각을 따라
훨훨 날아다니다 기어이
추억 하나 꺼내와
빗소리 가운데 두고
차 한 잔 하고 있다

여백

가을 호수 잔물결은

물새의 울음일까,

날갯짓의 울림일까?

지켜보던 나뭇잎 하나

툭, 떨어져 유유히 흐르며

스치는 바람 소리

홀로 듣는다

우산

빗소리 요란해도
그는 젖지 않는다
천둥과 바람 속에도
휘청이지 않고
빗물을 흘려보내는
굳은 몸
그러다 어느 날
방울방울 빗물
털어내고
햇살 반사되는
양산이 되었다

음률 없는 계절

그토록 잔인하고 뜨겁던 열기와
끈적이던 장마의 흔적은
서늘한 바람에 곱게 물드는
노란 은행잎과 빠알간 단풍잎이 아니던가!

푸른 바다 모래사장에서
태양 빛에 온몸을 검게 그을리고
그 열기로 땀구멍 속 알알이 맺힌 물방울은
얇은 피부 아래서 뜨겁게 밀려오고 있다

서늘한 바람 아래
아픔 하나, 기쁨 하나 터뜨리며 짧게 톡!
쏟아지는 진물 속에 담긴
그의 목소리, 추억 안에 젖는다

귀밑을 간질이며
읊어주던 시 한 줄의 속삭임도
사레들린 듯한 잔기침도
이젠 안녕!

터진 물집 밑에 드러난 피부는
모래알처럼 하얗게 빛나며 속삭인다
그대여, 이젠 안녕!
물든 시간 속에 묻힌 채로

잠을 거부하는 밤

생각은
생각할수록 꼬리를 물고
다시 생각을 부르니
어쩌면 생각하지 않는 것이
더 나은 생각일지 모른다

그럼에도 불구하고,
무심히 떠오른 생각에 꽂혀
덧없는 생각만 벌집처럼 부풀려
빠져나오지 못한 채
벌에 쏘인 듯 아픔만 더한다

오늘 밤도 나는
벌집을
들쑤셔 놓았다

흔적

저 황금 노을빛에 내 몸 담그면

나의 황혼도 저리 물들 수 있을까?

알 수 없는 일

하여, 살며시

담갔다, 왔다

아차!

마음을 놓고 와 버렸다!

4부

선택으로 빚는 균형과 질서

기본의 소중함

'당기시오'라 쓰인 손잡이를
굳이 밀고 '미시오'라 적힌 문 앞에서
기어이 당기는 사람이 있다

아니, 어쩌면 '당기시오' 앞에서 밀리고
'미시오' 앞에서 당겨지며 스스로의 삶을
잃은 채 끌려다니는지도 모른다

밀고 당기는 말의 의미를
곱씹을 겨를도 없이
타인의 손길에 끌려다니는 삶

그러나 '당기시오'는 당기고
'미시오'는 밀 때 비로소 우리는
자기 자리에 바로 설 수 있지 않는가!

'당기시오'와 '미시오' 사이에
질서가 자리할 때 옳고 그름의
경계가 명확해지지 않을까!

나 자신을 아는 가장 중요한 지침

남에게 기대하기 전
떠오른 생각을 행동으로 옮긴다
아무리 좋은 의도라도
상대의 기분과 자존심을
상하게 했다면, 그것은
배려가 아니다

행동할 때의 기준은
내가 할 일에는 나의 원칙을
함께 할 일이라면 상대의 가치를 존중한다
그러나 나에게 책임이 있다면
자신을 믿고 내 기준에 집중해야 한다

나 자신을 아는 가장 중요한 작업은
배운 것을 잘 실천하는 것이다
잘못 배운 사람처럼 행동하지 않는다
잘해 주는 것을 당연하다 여기지 않고
참는다고 만만히 보지 않아야 한다

나의 수고에 대가를 바라지 않아도
타인의 수고엔 감사의 마음을 표한다
자신을 돌아보고
상식에서 벗어나는 행동은
피하는 삶이 되어야 한다

녹슨 펜치

벌겋게 녹슨 펜치는
남의 몸은 끊어 내면서
닦아 내지 못하는 자신의 때를 안은 채
아직도 연장통 윗자리에 앉아 있다

쓸모 있으려나 집어 들어
철사 조임에 써보니
웬만히 힘을 주지 않아도 조이고 잘리고
제 쓰임을 기억하는 모양이다

날렵했던 칼날은 조금 무뎌졌지만
끊는 데는 힘이 모자라지 않고
조임의 끝이 맞물리지 못해도
끊어 냄이 나쁘지 않다

마음의 간격

나와 유리창을 사이
저울추처럼 흔들리는 햇살
조심스레 기울인다, 어느 쪽으로?

내 마음 엿보려는 듯한 그 빛에
나는 살며시 일어나
안쪽 어둠 속으로 몸을 숨긴다

갈 곳 잃은 햇살은
유리창에 기대앉아
투명하지만 닿지 않는 나를

한참, 조용히 찾아 헤매다
말없이 유리창을
은은히, 서서히 데운다

메시아 컴플렉스
— 자신에게 보내는 작은 구원 시

선한 뜻으로 시작한 일이
남들 눈엔 당연한 게 되고
오래도록 내 몫이 되면

언젠가는 이젠 그만하자,
말할 수 있을 줄 알았다

그런데 아직도
그러지 못하는 걸 보면
그게 나의 천성인가 보다

차갑게 거절해도
누구 하나 뭐라 할 사람 없는데
그래도 마음이 걸리는 건
어쩌면 오래된 습관 때문이리라

그들도 움직이길 바라며
조심스레 손을 내밀면
'난 당신처럼 못 해요' 하며
살며시 물러난다

그러면 이젠 그만둬야 하는데
왜 또 등을 돌리지 못할까
지지 않아도 되는 짐을 지고

스스로 만든 굴레에서
아직도 누군가
조금만 들어주길 바라며

거절도 못 하고
기꺼이 지지도 못하는
무거운 마음 하나 안고
오늘도 그 십자가를 바라본다

미소 지으며

발끝이 돌에 부딪히며
넘어지는 순간

땅에 얼굴이 닿을 듯하여
머리는 들어야지, 생각했는데

이미 광대뼈엔
붉은 줄이 그어졌다

뇌까지 전해진
통증을 느끼며

생각의 속도보다 느린 육체를
이제는 받아 들여야 한다

이 순간마저도 자연스럽게
세월이 안겨주는 내 모습으로……

바람개비의 최후

하늘을 날고 싶은 바람개비는
자연 바람에 몸을 맡겨 돌던 날들이 있었다
그의 작은 날개는 바람결에 춤추고
하늘을 향한 꿈을 품었다

그러나 전기의 힘을 빌려서라도
더 높이 날고 싶었던 바람개비는
이내 금속으로 단단해진 날개를 달고
자유를 잃은 채, 철망 속에 갇혀버렸다

바람 대신 전기의 손길에 이끌려
강하게도, 약하게도 돌아야 하는
이제는 자유로웠던 날개가 아니라
누군가의 손에 조종당하는 날개가 되었네

아, 이제 나는 누구인가
바람개비인가, 선풍기인가

비켜선 자리

한 사람만의 노력으로
지켜낼 수 있는 건 없는데
나는 자꾸만 혼자 애쓰고 있다
마음이 닿았으리라 믿었고
진심이면 통하리라 여겼다

잘해 줌은 곧 당연해지고
진심조차 무게를 잃어간다
되돌아오는 건
무심한 말 몇 마디,
혹은 더 깊은 침묵

그 관계 안에서
나는 스스로를 다치게 하고
갈 곳 잃은 마음 하나
텅 빈 곳에 쪼그려 앉는다
이런 관계를
계속 품고 있어야 할까

새로운 인연은
더 나은 균형을 줄까
모든 걸 잠시 내려놓고
나에게 집중하고 싶다
살피고, 덜어내고,
다시 나로 돌아가는 시간

하지만 그 순간조차
또 다른 고립과의 싸움
이기적이라 불려도 좋다
지금은 다만,
홀로이고 싶다
홀로이길 택하고 싶다

빨래

공사장에서 쏟은 땀과
서둘러 먹다 흘린 김칫국물로
동틀 때의 말끔했던 옷차림이
석양 무렵, 초라해졌다

눅눅하고 꿉꿉해
축 처진 어깨
걱정하지 마!

둥근 빨래통 속에서
이리저리 물살에 휩쓸리고
숨이 막히도록 조여들던 순간도
잠깐,

탈탈 털어 빨랫줄에 걸리면
바람으로 시원하게
햇볕에 말끔해졌다

그래, 그렇게
어깨를 쫙 펴게 될 거야

뽑힌 못을 펴며

수북이 쌓인 굽은 못들
창고 한구석, 긴 세월 침묵하며
조용히 기다렸다

원래대로 돌아가지 못해도
상처는 깊게 남아 있을지라도
다시 한번 재활을 마쳤다

어디에 쓰일까?
책상다리에 박히고
벽시계 고리로 걸리고

결국엔
또 한 번의 망치질로
끝나 버릴지라도

굽히면 굽힌 대로
휘면 휜 대로 제 몫을
묵묵히 해내고 있다

소음의 안개

어둠이 삼킨 무거운 하루,
골목 어귀 가로등 밑
눈앞을 가득 채운 굽은
그림자 하나 길게 눕는다

깊어지는 밤의 틈 사이로
깨어진 기억 조각들이 튀어 올라
허공에 부딪히며
소리 없는 비명을 낸다

전깃줄을 타고 번지는 음파
귓속을 파고들다
가슴 언저리를
천천히 긁고 지나간다

불 꺼진 방 안
귀 기울일수록 또렷해지는
심장 소리, 숨소리,
멈추지 않는 이름 하나

고요함조차 울림이 되어
두려움을 불러낸다
지워지지 않는 메아리처럼
내 안의 어둠으로 스며든다

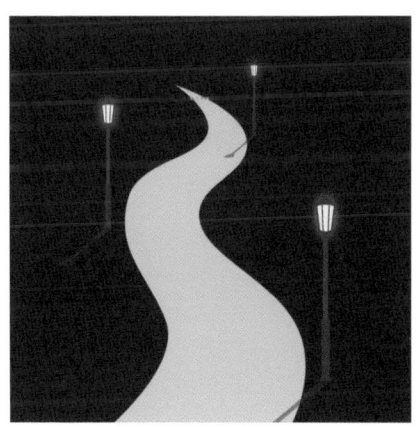

숲은 왕왕대고, 신은 고요하다

나팔꽃에서 들려오는
이야기로 생각은
수숫대처럼 부풀어
잠 못 드는 밤

잡념은 굳게 닫힌
기도실 문 앞에서
서성이다, 문틈으로
비집고 들어간다

촛불 하나 밝히고
천둥 번개 치는 밤
생각을 멈추고
기도로 지새운다

스며듦의 시간

내가 너라고 불러야
비로소 너는 내 삶에 등장하고
내가 그 시간에 들어가야
그 순간이
나의 일부가 되지 않겠는가!

내 삶에 어떤 의미도 부여하지 않으면
그저 흘러가는 세월일 뿐
그 시간 안으로 들어가
부딪히고, 간섭되고, 어긋나며
비로소
삶이 되지 않겠는가!

먹다 남은 음식을
밭에 버린다고
그것이 곧 거름이 되겠는가

하늘에서 쏟아지는 소나기가
대지에 스며든다 한들
곧바로
샘물이 되겠는가 말이다

유리창 법칙

이슬이 초록 잎에 매달려
애처롭게 반짝이고
태양은 위로하듯
그 위태로움을 안고 묻는다

우리에게
남은 시간은 얼마나 될까?

더 늦기 전,
미친 척하고
딱 20초만
하고 싶은 말, 해 보렴

작은 상처 가볍게 여기면
병이 깊어져
언젠가
산산조각이 날지 모르니

잔들의 독백

와인잔,
예쁘고 미끈하다 말하지만 나를 믿지 마세요
투명하게 속이 다 들여 다 보인다고요?
보이는 게 전부는 아니랍니다.
제가 깨지면 누구보다 날카롭고 잔인하죠
꼭, 기억하셔요, 꼭!

소주잔,
한 손에 와락 잡히니 사랑스럽죠?
두세 번 들었다 놓으며
잡았다 놓았다 밀당은 사양합니다
한 번에 화끈하게 마시고 털어내세요
인생이 뭐 그리 호락호락하진 않죠!

맥주잔,
늘씬하고 길쭉한 나를
거품으로 철철 넘치게 하고
좋은 기분과 시원함에 흠뻑 빠지고
껄껄껄 웃는 모습 보니 절로 행복합니다
인생 별거 없다는 건 다 아는 사실이고
이제 웃으면서 살아갑시다

알코올,
나도 한마디 해야겠네요
잔에 맞춰 들어간다고 우습게 보지 마세요
그대의 기분에 따라 낮은 도수가 높아지고
높은 도수가 낮아지기도 한답니다
경건하게 대해주세요,
그러면 교양도 갖추게 되지요

존재의 불확실성

허기진 호랑이
호수 주변을 어슬렁거리다,
물 위에 노니는 오리를 보았다
살며시 물속에 발을 들여놓고
잡으려는 순간,
오리는 흔적없이 사라졌다

어리둥절한 호랑이
물 밖으로 나와 다시 살펴보아도
오리는 없다, 더 이상 없다
잘 못 본 걸까?
분명, 분명히 있었는데
그곳에, 그 순간에

줄넘기

줄넘기만큼 이상하고도
신기한 놀이가 또 있을까?
움직이는 줄에 맞춰
뛰어야 살 수 있다

땅에서 공중으로 뛰어올랐다가
땅으로 떨어지는 과정을 반복하고
그림자에 닿았다가 멀어져
멈추지 않고 뛰어야 넘어설 수 있다

규칙적으로 움직여야 한다
반복되는 오늘 속의 지루함에도
쉴 새 없이 뛰어야 한다
멈추는 순간, 다음은 없기에……

쥐손이 풀

쥐고 또 쥐면
새어 나가지 않을 거라 믿었지
하지만 때가 되면
손끝에서 빠져나가는 걸 알게 되더라

놓지 않으려는 의지와 달리
시간은 모든 걸 내려놓고
그저 유유히 지나가며
뒤도 돌아보지 않더라

천 원짜리 타 종

신년 첫 새벽
은은한 석굴암 종소리에 눈을 떴다
새해 결심을 종으로 울리고 싶은 마음에
석굴암에 올랐다

급한 마음의 걸음은 왜 이리 더디던지
숨 가쁘게 올라간 좁은 계단 끝
종 앞엔 줄이 쳐져 있고, 그 줄에
'1타 천원'이란 표지판 있다

돈을 내고 종을 친다는 건
상상도 하지 못했다
다음에 드리겠다고 묻는 내게,
스님은 고개를 저으셨다

단호한 응답에 종을 울리지 못하고
내려가는 발길, 섭섭한 마음에
부처님 마음을 닮지 않은 스님을
덕망 없는 분이라고 꽤나 원망했다

터덜터덜 석굴암을 내려오다
낮은 나뭇가지에 이마를 세게 부딪쳤다
아! 부처님이 꿀밤을 주시는가!
새벽공기가 유난히 차게 느껴졌다

발문

덜 참, 삶의 여백에서 피어난 깊은 울림

홍 성 훈
- 시인 · 아동문학가 -
(한국문인협회 아동문학분과회장)

　최연희 시인의 『덜 참』을 펼치며 가장 먼저 느껴지는 것은 마치 오래된 친구의 따스한 손길처럼 마음 깊숙이 스며드는 온기입니다. 시인은 삶의 미묘한 순간들을 한 올 한 올 정성스럽게 직조하며, 부족함과 불완전함 속에서도 희망과 사랑을 잃지 않으리라는 다짐을 신앙과 성찰의 진솔한 언어로 생생히 녹여냈습니다.

　《자연의 회복력과 위로》, 《내면의 조용한 성찰》, 《언어로 엮은 삶의 결》, 그리고 《선택으로 빚는 균형과 질서》라는 네 개의 주제로 구성된 이 시집은, 인생의 깊은 고통과 희망, 그리고 그 사이에서 발견하는 진실과 섬세한 숨결을 차분한 어조로 들려줍니다. 시인은 자연과 인간, 삶과 죽음, 일상과 영성 사이의 경계를 넘나들며 존재의 의미를 탐구합니다.

대나무 잎끝
이슬방울 하나
위태롭게 매달려 있다

안쓰러운 마음에
작은 이슬 한 방울
살며시 얹어주었더니

그마저 짐이었을까
툭,
떨어지고 말았다

스스로 버티길 바랐는데
도리어
잃게 하고 말았다

　　　　　　　　　　　– <아차> 전문

「아차」는 대나무 잎끝에 위태롭게 매달린 이슬 한 방울을 통해, 연약한 생명력과 예기치 않은 상처를 예리하게 포착한 시이다. '안쓰러운 마음'으로 살며시 덧붙인 이슬 한 방울이 오히려 그 존재에게 짐이 되어 '툭' 떨어지고 마는 아이러니한 상황 속에서, 시인은 '의도와 현실의 불일치', 즉 선의가 오히려 해를 끼침을 가슴 아파하면서 때로는 선의와 배려가 의도와 달리 상처와 상실로 이어질 수 있음을 안타까워한다.
 "스스로 버티길 바랐는데도 / 오히려 잃게 하고 말았다"는 고백은 타인의 연약함을 이해하려는 마음과 그 간극에서 오는 안타까움, 인간 내면의 연민, 무력감 등 여러 층위의 복합적인 감정을 담아내며 삶의 예측 불가능한 아픔과 연약함을 진솔하게 성찰하게 한다. 의도와 결과의 간극을 탐색한 시인의 섬세한 감수성과 인간에 대한 따뜻한 시선이 고스란히 드러난 작품이다.

       정각보다는 일 분 모자라는 구 분

       백보다 하나 부족한 아흔아홉

       미세한 부족함이 인생이 아닐까?

       모자람을 배우기 위해 좀 더 노력하고

       목표를 향해 달려가는 에너지가 되는

       조금 덜 참이 나는 참 좋다
                              - <덜 참> 전문

「덜 참」은 인생의 결핍과 그 안에 깃든 성장의 가

능성을 담은 작품이다. '정각'이 아닌 '일 분 모자라는 구분', '백'이 아닌 '아흔아홉'이라는 미세한 차이를 통해 완전함에 대한 우리의 강박과 그로 인한 불안, 그리고 결핍에서 비롯되는 인간다움에 주목한다. '덜 참'이라는 단어에 담긴 이중적 의미를 통해, '부족함'을 단순한 결점이 아니라 배움과 성찰의 기회로 전환하려는 지혜로운 태도를 보인다.

특히 "모자람을 배우기 위해 좀 더 노력하고 / 목표를 향해 달려가는 에너지가 되는" 구절에서는 부족함이 오히려 인생의 원동력임을 재확인하고, 완벽에 대한 집착에서 벗어나 한층 더 성숙한 자기 이해와 삶의 태도를 촉구한다.

「덜 참」은 완전함에서 조금 모자란, 그러나 그 결핍 속에서 자기 자신을 돌아보고 성장하여 더욱 충만한 존재로 거듭나려는 희망의 약속이기도 하다.

나도 나를 모르는데
누구를 믿을 수 있을까
관계는 믿음이 가장 중요하다지
'내 손이 내 딸이라'는 말처럼
나를 믿지 않으면
누구를 믿을 수 있을까
그래도, 믿어본다
믿음의 두 갈래 길 앞에 서서

> 믿음에 응답하는 이
> 믿음을 저버리는 이
> 상처가 두려운 나는
> 아픔이 닥칠까 숨을 고르지만
> 그 또한 하느님이 허락하신
> 길이기에, 이겨내리라
> 사람을 너무 쉽게 믿는다고
> 비웃는 사람도 있겠지만
> 하느님을 믿고, 그분 안에서
> 내 선택을 믿어보리라
>   - <선택, 그분 안에서> 전문

  시인은 인간 존재의 불완전함과 신앙을 통한 믿음의 여정을 깊이 탐구한다. "나도 나를 모르는데 누구를 믿을 수 있을까"라는 고백에서 시작된 자기 자신에 대한 불확실성과 함께 관계의 근본이 되는 믿음의 중요성을 절실하게 드러낸다.

  "내 손이 내 딸이라"는 비유를 통해 자기 신뢰 없이는 타인에 대한 신뢰도 어렵다는 것을 깨닫고, 믿음이라는 행위가 단순한 감정이나 의지가 아닌, 삶의 갈림길에서 내리는 선택으로 "믿음에 응답하는 이"와 "믿음을 저버리는 이" 사이에서 상처와 아픔을 마주하면서도, 결국 신앙을 통해 용기와 인내를 얻어 그 길을 걸어가려는 결연한 의지를 보여준다.

특히, "사람을 너무 쉽게 믿는다고 비웃는 사람도 있겠지만 / 하느님을 믿고, 그분 안에서 내 선택을 믿어보리라"는 구절은 인간적 의심과 세상의 냉소를 넘어, 신앙에 기반한 자기 확신과 희망을 선언하고 있다. 이는 믿음이 단순한 수동적 수용이 아닌, 고통과 상처를 견디며 성장하는 힘임을 상징한다.

자기 자신의 연약함을 솔직히 응시하면서, 신앙이라는 든든한 뿌리 위에 삶의 불확실성을 꿋꿋이 견뎌내고 극복해 나가려는 시인의 깊은 내면의 울림과 고요한 결의가 고스란히 배어 있는 작품이다.

돌아가지 않을 것이다
행복했던 순간도
후회했던 때도
아쉬웠던 시간도 있지만

또다시
알 수 없는 시절로
돌아갈 생각은 없다
현재에 충실하고 싶다

적게 후회하도록 노력하고
순간순간의 삶에 감사하며
많이 웃으면서

지금의 젊음을
맘껏 자랑하며 살리라

이 순간 나로
충분히 빛나니까
　　　　- <시간을 되돌려 준다, 해도> 전문

　이 시는 과거에 대한 미련과 후회를 담담히 내려놓고, 현재의 삶에 충실하고자 하는 굳은 의지를 담았다. "돌아가지 않을 것이다"라는 단호한 선언으로 시작하여, 행복했던 순간과 후회, 아쉬움 모두가 지나간 시간임을 인정하지만 그 속에 머무르지 않겠다는 결단을 선명하게 보여준다.
　"현재에 충실하고 싶다"는 시인의 소망은 우리 모두가 공감할 수 있는 보편적 메시지로, 삶의 무게를 이겨내고 매 순간을 감사와 웃음으로 채우고자 하는 성숙한 태도를 엿볼 수 있다. 특히 "적게 후회하도록 노력하고"라는 구절은 단순한 긍정이나 희망을 넘어서, 현실을 직시하며 의식적으로 삶을 주도하려는 자세가 깊은 울림을 준다.
　시의 마무리 부분에서 "지금의 젊음을 맘껏 자랑하며 살리라"와 "이 순간 나로 충분히 빛나니까"라는 표현은 자기 존재에 대한 긍정과 사랑을 아름답게 승화시키며, 과거에 얽매이지 않고 현재와 미래를 향해

나아가는 성찰과 다짐을 담담하면서도 명징한 언어로
풀어내고 있다.

>하늘을 날고 싶은 바람개비는
>자연 바람에 몸을 맡겨 돌던 날들이 있었다
>그의 작은 날개는 바람결에 춤추고
>하늘을 향한 꿈을 품었다
>
>그러나 전기의 힘을 빌려서라도
>더 높이 날고 싶었던 바람개비는
>이내 금속으로 단단해진 날개를 달고
>자유를 잃은 채, 철망 속에 갇혀버렸다
>
>바람 대신 전기의 손길에 이끌려
>강하게도, 약하게도 돌아야 하는
>이제는 자유로웠던 날개가 아니라
>누군가의 손에 조종당하는 날개가 되었네
>
>아, 이제 나는 누구인가
>바람개비인가, 선풍기인가
>   - <바람개비의 최후> 전문

 이 시는 바람개비라는 친숙한 소재를 통해, 자연과
인간, 그리고 기술과 현대 문명 사이의 긴장과 갈등을

은유적으로 표현하는 점이 돋보인다. 자연의 리듬 속에서 자유롭게 살아가던 존재가 점차 인위적인 힘에 의해 통제되고 변질되어 가는 과정을 상징적으로 그려낸다.

 처음에는 자연의 바람을 몸으로 받아들이며 자유롭게 춤추고 하늘을 향한 꿈을 품었던 바람개비가, 점차 더 높이 날고자 하는 욕망으로 인해 '금속으로 단단해진 날개를 달고', 전기의 힘을 빌려 '철망 속에 갇혀' '자유를 잃은 채' 조종당하는 존재로 전락하는 과정은 현대인의 삶에 대한 깊은 성찰이다. 이는 기술과 물질문명에 휘둘려 본연의 자아와 자연스러운 삶의 리듬을 잃어버린 인간 존재의 상징으로 확장된다. '바람 대신 전기의 손길에 이끌려' '강하게도, 약하게도 돌아야 하는' '누군가의 손에 조종당하는 날개'로 변한 바람개비는 정체성의 혼란과 존재의 위기를 겪으며, "아, 이제 나는 누구인가 / 바람개비인가, 선풍기인가"라는 절규로 현대인이 맞닥뜨린 내면의 갈등과 불안을 응축한다.

 자연과 문명, 자유와 통제 사이에서 흔들리는 인간 존재의 복잡한 심연을 포착한 이 시는 시대적 아픔과 개인적 고뇌를 담아낸 탁월한 문학적 역량을 보여준다.

  와인잔,
  예쁘고 미끈하다 말하지만 나를 믿지 마세요

투명하게 속이 다 들여 다 보인다고요?
보이는 게 전부는 아니랍니다.
제가 깨지면 누구보다 날카롭고 잔인하죠
꼭, 기억하셔요, 꼭!

소주잔,
한 손에 와락 잡히니 사랑스럽죠?
두세 번 들었다 놓으며
잡았다 놓았다 밀당은 사양합니다
한 번에 화끈하게 마시고 털어내세요
인생이 뭐 그리 호락호락하진 않죠!

맥주잔,
늘씬하고 길쭉한 나를
거품으로 철철 넘치게 하고
좋은 기분과 시원함에 흠뻑 빠지고
껄껄껄 웃는 모습 보니 절로 행복합니다
인생 별거 없다는 건 다 아는 사실이고
이제 웃으면서 살아갑시다

알코올,
나도 한마디 해야겠네요
잔에 맞춰 들어간다고 우습게 보지 마세요
그대의 기분에 따라 낮은 도수가 높아지고

높은 도수가 낮아지기도 한답니다
경건하게 대해주세요,
그러면 교양도 갖추게 되지요
- <잔들의 독백> 전문

「잔들의 독백」은 일상에서 흔히 접하는 와인잔, 소주잔, 맥주잔 그리고 알코올을 의인화하여 각자의 개성과 삶의 태도를 유머러스하면서도 심오하게 풀어낸 작품이다. 잔들이 자신들의 외형과 역할에 대해 솔직하게 털어놓는 독백은 단순한 사물의 묘사를 넘어, 인간 삶의 다양한 면모를 은유한다.

와인잔의 섬세함과 날카로운 이중성, 소주잔의 직설적이고 강렬한 기운, 맥주잔의 활기찬 즐거움과 해방감, 그리고 알코올이 지닌 변화무쌍한 성격까지, 각기 다른 잔들이 삶의 다양한 감정과 태도를 대변한다. 이처럼 각 잔이 자신만의 목소리를 갖고 '밀당', '한 번에 마시기', '웃으며 살아가기' 같은 구체적인 표현으로 삶의 단면들을 생동감 있게 그려낸 점이 매우 인상적이다.

특히 "잔에 맞춰 들어간다고 우습게 보지 마세요"라는 알코올의 경고는 인간 감정의 복잡성과 상황에 따른 변화무쌍함을 상징적으로 표현하며, 단순히 술잔의 이야기를 넘어 인생의 무게와 유연함, 그리고 존중을 일깨운다.

이 시는 익숙한 소재를 신선한 시각으로 재해석하여 독자에게 웃음과 공감을 선사하는 동시에, 삶의 다채로운 감정과 태도를 자연스레 성찰하게 한다. 시인의 세련된 언어 감각과 풍부한 상상력이 빛나는 작품으로, 하지만 결코 가볍지 않은 삶의 진리를 유쾌하게 풀어낸 점이 돋보인다.

> 쥐고 또 쥐면
> 새어 나가지 않을 거라 믿었지
> 하지만 때가 되면
> 손끝에서 빠져나가는 걸 알게 되더라
>
> 놓지 않으려는 의지와 달리
> 시간은 모든 걸 내려놓고
> 그저 유유히 지나가며
> 뒤도 돌아보지 않더라
>
>   - <쥐손이 풀> 전문

이 시는 작고 여린 '쥐손이풀'을 통해 집착과 놓음의 본질을 탐구한다. 특히 "쥐고 또 쥐면 새어 나가지 않을 거라 믿었지"라는 첫 구절에서 인간의 애착과 집착을, "하지만 때가 되면 손끝에서 빠져나가는 걸 알게 되더라"는 시간 앞에서 무력해지는 존재의 한계를 드러낸다. "시간은 모든 걸 내려놓고 / 그저 유유히 지나가며 / 뒤도 돌아보지 않더라"는 마지막

구절에서는 놓치지 않으려는 의지와 시간의 냉혹한 진실 사이에서 붙잡으려 애쓰는 모든 것을 결국은 내려놓아야 함을 깨닫고 집착을 넘어 자유로 나아가는 길을 안내한다. 짧지만 깊은 울림을 지닌 이 시는, 순응에 관한 철학적 사유를 간결한 언어로 완성한 명징한 작품이라 할 수 있다.

『덜 참』이라는 시집의 제목이 암시하듯, 완벽하지 않은 삶, 미세한 '모자람'과 '부족함'을 인정하고 받아들이는 성숙한 시선이 곳곳에 배어 있다. '덜 참'은 고정된 완성이 아니라, 끊임없이 노력하고 성장하며 나아가는 '진행형'의 삶을 상징하며 이러한 메시지는 오늘을 살아가는 우리 모두에게 위로와 용기를 준다.

인간 내면의 복잡한 감정과 갈등, 신앙과 윤리적 고민을 깊이 있게 탐색하면서도 '보고 싶은 아버지'와 '말하지 않을 자유'처럼 개인적인 기억과 감정을 담은 시들은 보편적인 정서에 닿아 독자의 마음을 울린다.

『덜 참』은 인생의 불완전함 속에서도 희망을 잃지 않고, 내면의 평화를 향해 묵묵히 나아가는 모든 이들에게 보내는 따뜻한 위로의 초대장이다. 삶의 균형을 찾고자 하는 이들에게 깊은 울림과 사유를 선사하며, 신앙과 인간, 자연의 조화를 담은 문학적 성취로서 한국 시문학에서 의미 있는 자리를 차지할 것이라 믿는다.

서산 앞바다의 넉넉한 품을 벗 삼아 삶의 여정을 걸어온 최연희 시인의 시집 『덜 참』 출간을 진심으로 축하드립니다.

바다의 깊고 잔잔한 울림처럼, 시인의 언어 또한 독자들의 마음속에 오래도록 잔잔한 여운으로 남아 빛나리라 믿습니다. 풍요로운 자연과 삶의 진솔한 성찰이 어우러진 이 시집이 문학의 바다에 새로운 빛을 더하는 소중한 이정표가 되길 기원합니다.

휘람시선집 01

덜 참

인쇄일 2025년 6월 10일
발행일 2025년 6월 16일

지은이   최연희
편집·디자인   박명정
펴낸이   홍성훈
펴낸곳   휘 람
            등록 제2023-000047호
            서울시 마포구 토정로 192, 204호
            Tel: 02-714-9045
            E-mail_iam2024@daum.net

정 가   15,000

ⓒ최연희 2025, Printed in Seoul Korea
ISBN 979-11-983878-2-0

* 이 책의 판권은 저작권자와 휘람에 있습니다.
* 서면 동의 없는 무단 전재 및 복제를 금합니다.
* 잘못된 책은 바꾸어 드립니다.